Les Normands

sur la

Route des Indes

Discours de réception
à
l'Académie des Sciences, Belles-Lettres et Arts de Rouen
lu le 30 avril 1880
par

Gabriel Gravier

Officier d'Académie,
Président de la Société normande de Géographie,
Membre honoraire ou correspondant des Sociétés de Géographie de Paris, Lyon,
Bordeaux, Marseille, Oran, Rochefort, Anvers ;
Membre honoraire de l'Institut royal grand-ducal de Luxembourg ;
Membre correspondant des Académies de Stanislas (Nancy) et de Las Palmas (Gran Canaria),
des Sociétés historiques de Gênes et de New-York,
Vice-Président de la Société rouennaise de Bibliophiles,
etc., etc., etc.

Rouen

Imprimerie E. Cagniard, rues Jeanne-Darc, 88, et des Basnage, 5.

1880

Les Normands
Sur la Route des Indes

OUVRAGES DU MÊME AUTEUR.

Découvertes et Etablissements de Cavelier de la Salle, de Rouen, dans l'Amérique du Nord (lacs Ontario, Érié, Huron, Michigan, vallées de l'Ohio et du Mississipi et Texas). Gr. in-8º de XII et 412 p. avec portrait, armes et cartes. Paris, Maisonneuve, 1870. Ouvrage couronné par la Société libre d'Émulation du Commerce et de l'Industrie de la Seine-Inférieure.

Cavelier de la Salle, de Rouen. Étude historique et bibliographique servant de complément aux Découvertes et Etablissements. Gr. in-8º de 123 p. avec portrait. Paris, Maisonneuve, 1871.

Deuxième voyage du dieppois Jean Ribault à la Floride, en 1565 (Relation de N. Le Challeux), précédé d'une notice historique et bibliographique. Petit in-4º de X et 55 p. Rouen, H. Boissel, 1872. Publication de la Société rouennaise de Bibliophiles.

Relation du voyage des Dames Religieuses Ursulines de Rouen à la Nouvelle-Orléans, parties de France le 22 février 1727 et arrivées à la Louisianne le 23 juillet de la même année. Pet. in-4º de LIX et 122 p. Paris, Maisonneuve, 1872.

*Découverte de l'Amérique par les Normands au X*ᵉ *siècle.* Pet. in-4º de XXXIX et 254 p., avec 3 cartes et une planche. Paris, Maisonneuve, 1874. Ouvrage couronné par la Société de Géographie de Paris.

Le Canarien, livre de la conquête et conversion des Canaries (1402-1422) par Jean de Béthencourt, gentilhomme cauchois, publié d'après le manuscrit original, avec introduction et notes. Gr. in-8º de LXXXIII et 258 p., orné de 2 cartes. Rouen, Métérie, 1874. Publication de la Société de l'Histoire de Normandie.

Manuel de la cosmographie du moyen-âge, traduit de l'arabe par M. A.-F. Mehren. Compte-rendu à la Société de Géographie de Paris. Extrait du Bulletin de la Société de Géographie, cahier de juillet 1875.

*Notice sur le Roc de Dighton et le séjour des Scandinaves en Amérique au commencement du XI*ᵉ *siècle.* In-8º de 27 p. avec une carte et une planche. Nancy, 1875. Extrait des Mémoires de la 1ʳᵉ session du Congrès international des Américanistes.

Création d'observatoires circumpolaires. — *Examen du discours de M. Charles Weyprecht.* — *Principes fondamentaux de l'exploration arctique.* In-8° de 20 p. Extrait du Bulletin de la *Société de Géographie de Paris*, cahier de septembre 1877.

Allocution faite à la Société de Géographie, dans sa séance du 21 novembre 1877, sur la 2ᵉ session du Congrès international des Américanistes tenue à Luxembourg du 10 au 13 septembre 1877. Pet. in-4° de 29 p. Paris, Maisonneuve, 1877.

La Route du Mississipi. In-8° de 76 p. Nancy, 1878. Extrait des Mémoires de la 2ᵉ session du *Congrès international des Américanistes*.

Recherches sur les navigations européennes faites, au moyen-âge, aux côtes occidentales d'Afrique, en dehors des navigations portugaises du XVIᵉ siècle. Gr. in-8° de 43 p. Paris, 1878. Extrait des comptes-rendus du *Congrès international des sciences géographiques*.

Examen critique de l'Histoire du Brésil Français au XVIᵉ siècle. In-8° de 24 p. Compte-rendu à la Société de Géographie de Paris. Extrait du Bulletin de la *Société de Géographie*, cahier de novembre 1878.

Discours prononcé le 24 mai 1879 à la première séance de la Société normande de Géographie. In-4° de 15 p. Rouen, 1879. Extrait du Bulletin de la *Société normande de Géographie*, cahier de mai-juin 1879.

Le Globe Lenox de 1511, traduit de l'anglais de B.-F. de Costa. Petit in-4° de 26 p. avec carte. Rouen, 1880. Extrait du Bulletin de la *Société normande de Géographie*, cahier d'octobre-novembre-décembre 1879.

Étude sur une carte inconnue, la première dressée par Louis Joliet, en 1674, après son exploration du Mississipi, avec le P. Jacques Marquette, en 1673. Pet. in-4° de 51 p. avec carte (réduction de celle de Joliet). Paris, Maisonneuve, 1880. (Extrait des *Mémoires du Congrès international des Américanistes*, session de Bruxelles, 1879.

SOUS PRESSE :

La Cosmographie avant la découverte de l'Amérique (Revue orientale et Américaine).

Étude sur le Sauvage du Brésil (Société normande de Géographie).

Les Normands
sur la
Route des Indes

Discours de réception
à
l'Académie des Sciences, Belles-Lettres et Arts de Rouen
lu le 30 avril 1880

par

Gabriel Gravier

Officier d'Académie,
Président de la Société normande de Géographie,
Membre honoraire ou correspondant des Sociétés de Géographie de Paris, Lyon,
Bordeaux, Marseille, Oran, Rochefort, Anvers ;
Membre honoraire de l'Institut royal-grand-ducal de Luxembourg ;
Membre correspondant des Académies de Stanislas (Nancy) et de Las Palmas (Gran Canaria),
des Sociétés historiques de Gênes et de New-York,
Vice-Président de la Société rouennaise de Bibliophiles,
etc., etc., etc.

Rouen
Imprimerie E. Cagniard, rues Jeanne-Darc, 88, et des Basnage, 5.
1880

Messieurs,

ar sa vieille renommée de sapience et de savoir, l'Académie des Sciences, Belles-Lettres et Arts de Rouen m'a toujours séduit, et j'avoue franchement que, depuis des années, j'ambitionnais l'honneur d'un siége parmi vous.

Ce qui provoquait mes désirs m'imposait la modestie. Le catalogue de vos noms me remettait en mémoire vos importants travaux et me tenait en garde contre l'aimable et trop décevante illusion. D'ailleurs les années s'envolaient peu à peu, et, avec elles, les rêves dorés de la jeunesse.

Cependant, sans avoir l'espoir de faire l'une de ces œuvres qui forcent toutes les portes, je continuais de donner à l'étude mes loisirs et mes veilles. Sans compter sur l'honneur qui m'est fait aujourd'hui, je m'efforçais, par tous les moyens en mon pouvoir, d'être utile au pays.

Je croyais, et je crois encore, que le niveau moral des peuples s'élève au souvenir des grands hommes; je croyais, et je crois encore, que mieux on connaît son pays plus on l'aime; j'ai la conviction que les soixante Sociétés de géographie qui rayonnent aujourd'hui sur la sphère, et dont les quarante mille membres serrent de plus en plus les liens qui les unissent, confondent de plus en plus leurs intérêts, concourent efficacement à la diffusion de la science, au développement des relations commerciales, au règne de la paix. C'est pour cela, Messieurs, que j'ai donné mes veilles à la mémoire de nos vieux marins et mes soins à la création d'une Société de géographie.

Sans m'abuser sur la valeur de mes travaux, je me sentais dans la bonne voie, et je ne me trompais pas, puisque cette voie m'a conduit au milieu de vous, à la place que j'ambitionnais.

Je suis bien loin d'attribuer à mon mérite les suffrages que vous avez eu la bonté de m'accorder; je serai plus sûrement dans le vrai en les reportant sur votre extrême bienveillance, sur votre désir d'encourager les hommes de bonne volonté.

Un fait dont je puis convenir, me confirme dans cette opinion.

Je tremblais en pensant au discours que vous doit tout récipiendaire, et j'avais d'autant plus de raison que j'ai souvent admiré l'atticisme et la hauteur de vue des vôtres.

Je regrette peut-être un peu, dans mon égoïsme, que vous n'ayiez pas établi l'usage des cinq éloges qu'exigeait autrefois l'Académie Française. L'éloge éternellement répété du cardinal de Richelieu, du roi, du chancelier, du corps académique invitait à un doux sommeil favorable au récipiendaire !

Vous, Messieurs, vous laissez le champ libre. A votre élu de choisir son terrain et ses armes ! On ne peut contester que cela ne soit très-libéral, mais il faut bien convenir que vous vous donnez ainsi le droit d'être exigeants.

Je crois donc difficile la tâche qui m'incombe. Néanmoins, Messieurs, je me tiendrai ferme en selle, d'abord pour vous témoigner ma gratitude, puis parce que, malgré tout, j'ai foi en votre indulgence. Ma confiance est telle que je ne craindrai pas d'aborder l'un des problèmes les plus difficiles de la géographie historique normande.

Je chercherai si les Normands de la Normandie ont connu les navigations des Normands du Nord; s'ils ont eu les mêmes raisons et les mêmes facilités que Christophe Colomb pour chercher à l'ouest le pays des pierres précieuses, de l'or et des épiceries; et je demanderai aux anciennes relations la date probable de l'arrivée de nos marins sur les côtes du Brésil.

I.

Je disais en 1870, dans la préface des *Découvertes et Etablissements de Cavelier de la Salle* : « Les Normands partagent avec les » Bretons l'honneur d'avoir, les premiers, touché au Nouveau- » Monde ».

Ma pensée se portait sur l'expédition attribuée à Jean Cousin, mais j'entrevoyais, dans les brumes du couchant, les voiles audacieuses des *Rois de mer*, frères des fondateurs de la puissance normande sur les côtes de France.

J'ai raconté leur brillante épopée. Je n'y reviendrai pas. Il me suffira d'en retenir : que pendant cinq siècles les Scandinaves ont fréquenté les côtes orientales de l'Amérique du Nord; que de 1121 à 1537 la cour de Rome a nommé des évêques au siège de Gardar, capitale du Grönland; que l'Amérique a souscrit aux Croisades et au denier de Saint-Pierre; que le Danemark, la Norvége, l'Allemagne et l'Italie surent qu'on trouvait à l'ouest un continent dont l'une des extrémités se perd dans les régions polaires.

Les Normands ont-ils ignoré les exploits de leurs frères du Danemark et de la Norvége? Nos annales et les sagas historiques établissent que les Normands de la Normandie ont toujours eu des rapports, et de bons rapports, avec les Normands des pays scandinaves. Dès lors, les skaldes ont chanté en Normandie Bjarn, les fils d'Erik, Thorfinn et les héros des navigations boréales.

Précisons.

Après l'assassinat de Guillaume-Longue-Epée (942), Louis-d'Outre-mer conduisit à Laon le jeune duc Richard et envahit la Normandie. A la voix de Bernard-le-Danois [1], Harald-Blaatand

---

[1] Ce nom de Bernard n'est pas scandinave, mais il ne faut pas demander à nos vieux chroniqueurs une bien grande exactitude dans l'orthographe des noms; ils semblent avoir eu pour règle, au contraire, de les défigurer. Dans les Chroniques de Normandie, par exemple, Harald Blaatand est appelé, page 27, Aigroult et Aigrolt. (*Chroniques de Normandie*, édit. Francisque Michel, pour Ed. Frère; Rouen 1839). Aujourd'hui même nous donnons sans sourciller à Hrolf le nom de Rollon.

(à la dent noire [2]) qui se trouvait dans le Cotentin mit en déroute l'armée royale [3].

Harald fut reçu partout avec enthousiasme. N'a-t-on rien dit alors de ce qui se passait en Islande et dans le Grönland ?

L'enfant tiré des mains du roi Louis devient Richard-sans-Peur. Ses voisins, inquiets de sa puissance, se liguent contre lui. Il leur répond en appelant à son aide le vieil Harald. Celui-ci ne vient pas en personne, mais le secours ne se fait pas attendre, et bientôt les évêques et les seigneurs demandent la paix à grands cris. Si les Franks et les Normands s'entendent vite, les Danois ne veulent pas lâcher prise. Séduits par la douceur du pays chartrain, ils ne parlent de rien moins que de conquérir toute la France pour le duc ou pour eux. Richard leur prodigue les présents, les promesses, les belles paroles et offre des terres à tous ceux qui veulent embrasser le christianisme. Beaucoup acceptent : la Normandie reçoit ainsi une nouvelle couche scandinave et resserre les liens qui déjà l'unissent aux pays du Nord [4].

[2] *Blaa*, bleu, signifiait autrefois noir.

[3] Ord. Vitalis *Historia ecclesiastica*, édit. Aug. Le Prevost, t. III, pp. 86 et seq. — Guillaume de Jumièges, *Les ducs de Normandie*, trad. Guizot; Caen, Mancel, 1826, pp. 78 et seq. — Dudon de S.-Quentin, Robert Wace et Benoit de S.-Maure font des récits à peu près semblables. Les Sagas sont muettes. Les historiens danois ne mentionnent cette intervention de Harald Blaatand que d'après nos chroniqueurs. Voir Mallet, *Histoire du Dannemarc*; Genève, 1787, t. III, pp. 54-56. — Depping, *Histoire des expéditions maritimes des Normands et de leur établissement en France au Xe siècle*; Paris, Didier, 1843, note xii, pp. 524 et seq. — *Chroniques de Normandie* (xiiie siècle), édit. Franc. Michel, imprimées à Rouen, en 1839, pour Ed. Frère, p. 27.

[4] Will. Gemmet., lib. IV, cap. xvi et xvii, éd. Du Chesne, pp. 246, 247. — *Chronique de Normandie par Benoit*, trouvère anglo-normand du XIIe siècle, publiée par Franc. Michel; Paris, 1838, Imp. roy., t. II, pp. 243-315. — *Le Roman de Rou*, édit. Pluquet; Rouen, Ed. Frère, 1827, t. I, pp. 250-63.

Vers 980, Harald Blaatand fut détrôné par son fils Svend. A qui s'adressa-t-il pour avoir un asile et du secours? Au duc de Normandie [5].

En 1003, quand Svend se rendit en Angleterre pour venger le massacre des Danois, il vint à Rouen avec quelques vaisseaux et demanda la paix au duc Richard. Richard le traita magnifiquement et la paix demandée fut conclue. Ethelred, roi d'Angleterre, était pourtant beau-frère du duc de Normandie [6] !

Huit ans plus tard, le port de Rouen reçoit encore des navires danois.

Richard avait marié au comte de Chartres sa sœur Mahaut, la plus belle fille du monde, si l'on en croit Robert Wace. La pauvre princesse mourut sans enfants et sa dot devint l'occasion d'une prise d'armes.

Les Normands remportent des victoires et le résultat définitif de la campagne ne parait pas douteux ; mais la réserve équivoque du roi Robert inspire des craintes à Richard, et le bon duc appelle à son aide deux rois de mer qui pirataient sur les côtes de Bretagne.

Ceux-ci ne se font pas prier. Servir un frère, et, tout en butinant, donner de grands coups d'épée, c'était une bonne fortune !

L'arrivée de leurs navires sous les murs de Rouen met l'effroi dans le cœur des ennemis. Robert lui-même tremble pour ses États et insiste vivement en faveur de la paix.

Quels étaient ces pirates ? Les uns disent Lokmann et Olaüs, les autres Olaf et Svein. Guillaume de Jumiéges assure qu'Olaüs

---

[5] Eyriès, *Danemark*, collection de l'Univers, p. 31.
[6] Guillaume de Jumièges, trad. Guizot, liv. V, ch. vii, p. 119, 120.

fut baptisé à Rouen, et François Pommeraye prétend que, pendant longtemps, la cathédrale a conservé de ses reliques 7.

De quel Olaf entendent parler les chroniqueurs? Il y en eut deux qui furent pirates, rois de Norvége et saints. Ce ne peut être Olaf Tryggvason. Mort en l'an mille, à l'endroit et à l'heure marqués par une femme qui avait juré sa perte et le partage de la Norvége, il ne put, en 1011, répondre à l'appel du duc Richard 8.

Est-ce Olaf Haraldsson? Non, car les sagas qui nous racontent ses pirateries de 1011 à 1013, dans le *Valland* (nom que les sagas donnent à la France), sont absolument muettes à cet égard 9.

Lokmann et Olaüs ou Svein et Olaf ne sont pourtant pas des pirates imaginaires.

Les terribles fils d'Odin aimaient à répandre le sang des prêtres, à piller les églises, à faire coucher leurs chevaux dans

---

7 GUILLAUME DE JUMIÈGES, trad. Guizot, liv. V, ch. XXI et XXII, pp. 123-128; édit. Du Chesne, p. 254. — *Le Roman de Rou*, t. I, p. 333-351. — DEPPING, op. cit., pp. 404-408, 531-538. — *Historia Olavi Tryggvii filii* (Scripta historica Islandorum de rebus gestis veterum borealium); Hafniæ, 1828, pars prior, cap. 79, pp. 171, 172; pars posterior, cap. 193, pp. 118, 119. — *Saga af Olafi Tryggva syni (Heimskringla)*, pp. 346, 47. — POMMERAYE, *Histoire des archevêques de Rouen*; Rouen, 1667, p. 245. — RIANT, *Expéditions et pèlerinages des Scandinaves en Terre-Sainte au temps des Croisades*; Paris, 1865, pp. 102 et seq. — ORD. VITALIS *Historiæ ecclesiasticæ*, édit. Aug. Le Prevost, t. I, p. 177, note 1.

8 *Saga af Olafi Tryggva syni (Heimskringla)*, p. 222, 223, 247-256, 346. — RIANT, loc. cit. — *Historia Olavi Tryggvii filii*, loc. cit., pars posterior, cap. 244, p. 276.

9 *Saga Olafs Konungs hins Helga, Haralldssonar (Heimskringla)*, t. II, cap. XIX, pp. 18, 19.

les chapelles, à chanter ce qu'ils appelaient ironiquement « la messe des lances [10] ». A leur nom, les moines tremblaient d'épouvante. Qui avait vu leurs flottes semblables à « une troupe » de bêtes sauvages au milieu d'une forêt » ne l'oubliait de sa vie. Comment admettre qu'un moine de Jumiéges ait supposé un fait aussi considérable arrivé peut-être de son temps, dont il connut, à coup sûr, plus d'un témoin ? Benoit de Saint-Maur, poète anglo-saxon du XIIe siècle, aurait donc aussi inventé les détails qu'il donne sur l'expédition piratique des deux rois de mer et sur leur appel à Rouen par le duc Richard [11] !

Il est probable que les noms des deux chefs furent mal entendus et mal écrits. Quant au fond du récit, le vieux moine des rives de la Seine dut être bien informé. Nous croyons donc qu'en l'an 1011 une flotte norvégienne a séjourné dans le port de Rouen ; nous croyons que le palais des ducs a retenti du chant des skaldes, peut-être des chants composés en l'honneur de Leif-le-Fortuné et des autres fils d'Erik-le-Rouge qui venaient d'explorer les côtes de l'Amérique du Nord depuis le Rhode-Island jusqu'à Terre-Neuve.

En 1013, après avoir piraté deux ans sur les côtes du Valland (France), saint Olaf Haraldsson vint passer l'hiver à Rouen parce que, dit la saga, les Normands de la Norvége trouvent toujours chez les Normands de la Normandie, leurs frères par Hrolf-le-Marcheur, paix, amitié, sécurité [12]. Haraldsson fut bien reçu et l'on causa sûrement de la patrie scandinave.

---

[10] Aug. Thierry, *Histoire de la conquête de l'Angleterre par les Normands* ; Paris, Furne, 1859, in-8°, t. I, p. 92.

[11] *Chronique des ducs de Normandie*, édit. Franc. Michel, Paris, Imp. roy., 1836-44, t. II, pp. 458 et seq.

[12] *Saga Olafs Konungs hins Helga, Haraldssonar (Heimskringla)*, t. II,

Juste au moment où il avait pris la mer, la Norvége était mise en émoi par l'arrivée de Thorfinn Karlsefn, qui rapportait de l'Extrême-Occident une riche cargaison et de curieux récits. Tous les skaldes glorifiaient ses exploits, et pour que la cour de Richard n'ait rien su de Thorfinn et de la belle Gudrida, sa femme, il faudrait que, de tout l'hiver, le duc n'ait pas donné un seul banquet.

Trois ans plus tard, au moment où elle revenait auprès de son frère, Emma, fille de Richard-sans-Peur et veuve d'Ethelred, tomba au pouvoir de Knut-le-Grand, qui s'empressa de placer sur son front la double couronne de Danemark et d'Angleterre [13]. Et comme Richard réclame en faveur de ses neveux, Knut spécifie dans son contrat de mariage que la couronne passera aux enfants qu'il aura d'Emma, à l'exclusion de ceux qu'il a eus de son premier mariage. En même temps, Richard épouse Estrithe, sœur de Knut. Il la répudiera, il est vrai, mais alors les princes usaient fréquemment du divorce et cela ne tirait pas à conséquence ; quoi qu'il en soit, Knut et Richard n'en furent pas moins bons amis [14].

En 1027, Sighvat, skald d'Olaf Haraldsson, vint à Rouen dans un but commercial. L'année suivante, étant en Angleterre avec son ami Berg, il composa un *flokk* (pièce de vers sans refrain) intitulé : *Vestr-farar visor* (chant du voyage en Occident). L'au-

cap. xix, pp. 18, 19. — M. E. BEAUVOIS, *Rouen et la Normandie dans les sagas historiques* (Bulletin de la Société normande de Géographie, 1879, p. 132).

[13] *Historia Knuditarum (Scripta historia Islandorum)*, t. XI, p. 178, 179. — L'auteur de la saga dit à tort qu'Emma était sœur de Robert-le-Diable et de Guillaume. La même erreur se trouve dans la saga d'Haraldsson (*Heimskringla*), t. II, cap. xix, p. 18.

[14] ESTRIÈS, *Danemark*, pp. 36 et 37.

teur de la saga du roi saint Olaf Haraldsson en a conservé le premier quatrain, que M. Eugène Beauvois traduit ainsi :

> Rappelons-nous, Berg, combien de fois,
> Le matin, à Rouen,
> Dans nos voyages, j'ai attaché le navire
> A la muraille de gauche [15].

A l'époque du voyage de Sighvat, les Scandinaves n'étaient plus exclusivement pirates et guerriers. Ils commençaient à s'occuper de commerce et se rencontraient fréquemment sur les marchés anglais avec les marchands normands dont ils partageaient peut-être les importants privilèges [16].

Aux relations de famille, qui s'affaiblirent par l'éloignement et l'altération du langage, succédèrent des relations commerciales fréquentes, même intimes, dont le *Coutumier de la Vicomté de l'Eau de Rouen* garde des traces irréfragables et persistantes. Il y est dit que les nefs et coques de Frise et de Danemark peuvent vendre leurs marchandises sans le congé du vicomte de l'Eau. Pour la nef danoise, remarque M. Ch. de Beaurepaire, elle a joui de cette faveur « peut-être par privilège pour l'ancienne patrie normande [17] ».

[15] M. Eug. Beauvois, loc. cit., p. 333. — *Saga Olafs Konungs hins Helga, Haraldssonar* (Heimskringla, t. II, pp. 263, 264).

[16] « Notre commerce avec les Anglo-Saxons est fort ancien ; il devait être considérable, car ce peuple produisait peu et demandait beaucoup à ses voisins. Nous connaissons un règlement du roi Ethelred II, promulgué en l'année 979, par lequel les marchands de Rouen, qui apportaient à Londres des vins et du craspois (du marsouin), sont exempts d'impôts. Nous faisions donc, dès le xe siècle, le transit des vins de France pour l'Angleterre ». (Fréville, *Mémoire sur le commerce maritime de Rouen*, t. I, p. 90).

[17] M. Ch. de Beaurepaire, *De la Vicomté de l'Eau de Rouen et de ses coutumes au XIIIe et au XIVe siècle*; Rouen, Le Brument, 1856, pp. 17, 267-72, 300.

Enfin, par le traité d'alliance conclu le 20 septembre 1456 entre Charles VII et Christiern Ier, les Normands de France furent plus que jamais unis aux Normands du Nord [18].

Ne résulte-t-il pas de tous ces faits que nos Normands ont eu une notion plus ou moins précise de l'existence des régions transatlantiques, si souvent abordées par leurs frères des pays scandinaves [19]?

On peut bien admettre qu'à bord de nos navires, le soir, quand l'état de la mer et du ciel appelait les marins sur le pont, les anciens causaient de ces aventureuses expéditions ; qu'ils en causaient encore au xive siècle, en allant aux côtes de Guinée, quand ils apercevaient à l'horizon la silhouette de Lancelote et de Fortaventure. Si de l'influence que devaient exercer ces souvenirs on rapproche l'incroyable audace des armateurs de Dieppe et de Rouen, on admettra sans peine, sinon comme certaine, du moins comme probable, plus d'une tentative ignorée sur les mystérieuses terres de l'ouest.

II.

Si maintenant nous nous plaçons au point de vue des connaissances cosmographiques, nous verrons que nos marins avaient les mêmes raisons que Christophe Colomb de chercher par l'ouest le *pays des épiceries*, et que les circonstances leur offraient des facilités qui manquaient malheureusement à l'immortel génois.

[18] Fréville, *op. cit.*, t. I, p. 281. — Archives nationales, J 457, p. 11 (pièce citée par Fréville). — Etrues, *Danemark*, p. 124.

[19] M. d'Avezac, *Bref récit et succincte narration de la navigation faite en MDXXXV et MDXXXVI par le capitaine Jacques Cartier aux îles de Canada, Hochelaga, Saguenay et autres.* Introduction historique ; Paris, Tross, 1863, f° iv verso.

Lorsque Christophe Colomb exposait, devant les savants du Portugal et de l'Espagne, son projet d'aller en orient par l'occident [20], on se moquait de lui [21], on disait que son projet n'était que du vent [22]. Après le succès, on ne lui marchanda pas l'admiration [23], mais alors on fit intervenir le hazard, l'audace et le surnaturel. Puis, par un revirement dont il serait puéril de s'é-

[20] *Buscar el levante por el poniente*, ou, comme on a dit jusqu'au commencement du XVI° siècle, *Buscando las tierras del Gran Can navegando al occidente*.

[21] Todos aquellos que supieron de mi impresa con risa le negaron burlando. (NAVARRETE, *Coleccion de los viages y descubrimientos, que hicieron por mar los Españoles desde fines del siglo XV*; Madrid, Imprenta real, 1825, t. II, p. 262).

[22] *Que todo era un poco de aire*. — Henri VII d'Angleterre « tenne tutte per vane le sue parole ». OVIEDO, *Sommario della naturale et generale historia del l'Indie occidentali*, apud RAMUSIO, *Delle navigationi et viaggi*; t. III, Venetia, 1606, f° 66 A. — Les Génois lui répondent : « Et per questo tennero questo suo ragionamento per vna fauola et vn sogno ». (*Summario del l'historia del l'Indie occidentali cavato dalli libri scritti Dal Sig. Don* PIETRO MARTIRE *Milanese*, apud RAMUSIO, t. III, f° 1 C.

[23] « A Londres, à la cour du roi Henri VII, dit le légat Galeas Butrigarius, quand les premières nouvelles nous arrivèrent de la découverte des *côtes de l'Inde*, faite par le génois Christophe Colomb, tout le monde convint que c'était une chose presque divine de naviguer par l'ouest vers l'est, où croissent les épiceries (a thing more divine than human, to sail by the west to the east, where spices grow) ». *Memoir on Sebastian Cabot, illustrated by documents of the rolls, now first published*, 1831, p. 10).

Pierre Martyr, dans sa lettre de décembre 1493, raconte que son ami Pomponius Lætus, le grand propagateur de la littérature classique romaine, ne put retenir des larmes de joie à la nouvelle de la découverte du Nouveau-Monde. (*Opus epistolarius* PETRI MARTYRIS ANGLERII *Mediolanensis*; Amstelodami, 1670, Ep. CLII, p. 84).

A la mort de Christophe Colomb, il y eut un revirement. Dans le fameux procès entre le fisc et don Diego Colomb, on prétendit que la découverte de l'Amérique était facile et prévue depuis longtemps.

tonner, on prétendit que le second hémisphère était connu depuis longtemps.

Pour Colomb, il crut que sa découverte était l'accomplissement d'une prophétie d'Isaïe, et qu'elle tirait toute son importance des facilités qu'elle donnerait pour la conquête du tombeau du Christ : elle devait procurer des monceaux de cet or qui donne la puissance sur le monde et « fait même arriver les âmes en paradis [24] ».

Si l'on en croyait son livre extravagant des *Profecias*, il serait un homme providentiel, prédestiné ; Dieu serait son inspirateur immédiat et son pilote.

Laissons ces prétentions et ces rêveries qui ne servent qu'à montrer ce puissant génie fléchissant sous le poids de la gloire et des ans ; cherchons, dans ses longues et persévérantes études, ses vrais titres de gloire, ce qui dut fixer sa foi.

Etant en Portugal, il vit des navires aller à la Côte-d'Or et s'avancer d'étape en étape jusqu'au cap de Bonne-Espérance. Lui-même fit un voyage à El Mina et un autre par delà l'Islande. De cette course d'environ 66 degrés sur un même méridien il conclut judicieusement que les zones habitables et inhabitables étaient de pures fictions, que sur tous les points de la sphère l'homme conservait la perpendiculaire, que l'on pouvait tout aussi bien naviguer de l'est à l'ouest que du sud au nord.

---

[24] « El oro es excelentíssimo : del oro se hace tesoro, y con él, quien lo tiene, hace cuanto quiere en el mundo, y llega á que echa las animas el paraiso ». (NAVARRETE, *op. cit.*, t. I, p. 309). Navarrete fait observer en note que c'est l'or distribué en aumônes qui, dans la pensée de Colomb, fait arriver les âmes en paradis. La piété exaltée de Colomb ne permet pas, en effet, de donner à ses paroles un autre sens.

Il refit alors ses études cosmographiques et recueillit avec soin tous les indices matériels de terres occidentales [25].

En définitive, sa théorie repose sur trois erreurs : l'extension de l'Asie vers l'est, la réduction du volume de la terre, la possibilité d'aller directement des côtes occidentales de l'Espagne aux côtes orientales de l'Asie.

Colomb suppose que la plus grande partie de la sphère a déjà été naviguée, que l'espace restant à parcourir est compris entre les Açores et les limites orientales de l'Asie, que cet espace ne peut dépasser un tiers du grand cercle.

Sur les 24 heures qui composent le grand cercle, Marin de Tyr a connu, dit-il, du côté de l'Orient, jusqu'à Thinæ, qui se trouve à la quinzième heure. D'un autre côté, les Portugais ayant avancé les côtes occidentales d'une heure par la découverte

---

[25] Standosi egl'   Portogallo, cominciò à congietturare, che, si come quei Porthoghesi caminauano tanto lontano al mezo dì, medesimamente si potrebbe caminare alla volta dell' Occidente, et che di ragione si potrebbe trouare terra en quel camino. Di che per meglio accertarsi, e confermaruisi, cominciò di nuouo à riuedere gli auttori di Cosmografia, che altre volte haueua letti, et à considerar le ragioni Astrologiche, che poteuano corroborare il suo intento, et per conseguente notaua tutti gli indicij, dè quali ad alcune persone, et marinari sentiua parlare, et dà quali in alcuna maniera poteua riceuere aiuto. (*Historie del sig. don Fernando Colombo. Nelle quali s'hà particolare, et vera relatione della Vita, et de' fatti dell' Ammiraglio Don Christoforo Colombo suo Padre*, etc. In milano, Appresso Girolamo Bordoni (1614) p. 23. L'édition originale (Venise 1571) est fort rare, même en Italie. — L'édition milanaise dont nous nous servons est infidèle et mutilée.

HERRERA, *Histoire generale des voyages et conquestes des Castillans dans les Isles et Terre-Ferme des Indes Occidentales*. Trad. N. de La Coste ; Paris, 1660, pp. 4 et seq.

des Açores et des îles du Cap-Vert [26], 8 heures ou 120 degrés seulement restent à découvrir entre l'Asie et les îles du Cap-Vert.

Que valent pour Colomb ces 120 degrés ?

Alfragan [27] donne au degré 56 milles et 2/3. Colomb admet cette hypothèse, très-conforme à ses vues, et ses 120 degrés en valent 90 des nôtres. Il réduit ainsi d'un quart le volume du globe, et prolonge jusqu'à la Californie la côte orientale de l'Asie [28].

[26] WASHINGTON IRVING, *A History of the life and voyages of Christopher Columbus*; Paris, Galignani, 1828, t. I, pp. 53, 54. — *Historie*, pp. 24, 25. — HERRERA, *op. cit.*, p. 6.

[27] Son vrai nom était Ahmed Mouhammed Ebn Kothair ou Kethir de Fergana en Sogdiane. (Humboldt, *Examen critique*, I, 79). On devrait tout au moins l'appeler Al Ferghany. — Son œuvre fut traduite en latin par Jean de Luna, juif sévillain, dont la version fut imprimée à Ferrare en 1493, et même en 1472, si l'on en croit Bartolozzi (*Ricerche*, p. 133). Jacques Christmann en a fait une nouvelle traduction qui a été imprimée à Francfort en 1590. On y lit au ch. x, p. 36, *De mensura ambitus terrestris* : « Deprehendimus uni
» gradui cœlesti in terra respondere 56 milliaria et duas tertias unius milliaris.
» Si itaque multiplicaminus gradum unum in totum circulum, hoc est 360°,
» inveniemus circumferentiam terrestrem continere 20,400 milliaria circiter».

[28] Pour Colomb, le degré équatorial est de 56 milles et 2/3. « La quinta
» consideratione, che facea più credere, che quello spatio fosse picciolo, era
» l'opinione d'Alfragano, et dé seguaci suoi, che mette questa rotondità della
» sfera assai minore, che tutti gli altri auttori, et Cosmografi, non attribuendo
» ad ogni grado di sfera più di cinquanta sei miglia, et duo terzi... »
(*Historie*, p. 26).

Colomb dit aux Souverains espagnols, dans sa lettre du 7 juillet 1503 :
« E el mundo es poco : el enjuto de ello es seis partes, la séptima solamente
» cubierta de agua, la experiencia ya está vista, y la escribí por otras letras y
» con adornamiento de la Sacra Escriptura, con el sitio del Paraiso terrenal, que
» la santa Iglesia aprueba : Digo que el mundo no es tan grande como dice
» el vulgo, y que un grado de la equinoccial está cincuenta y seis millas y

Mais, dit-il, Marin de Tyr n'a pas connu la limite extrême de la terre orientale. Cette limite est certainement beaucoup au delà de la quinzième heure et, par suite, à moins de huit heures des îles du Cap-Vert. « Le vénitien Marco Polo et John de Mande-
» ville assurent qu'ils ont dépassé de beaucoup à l'orient le
» monde connu de Marin de Tyr et de Ptolémée. Ils ne parlent

» dos tercios : pero esto se tocará con el dedo ». (NAVARRETE, op. cit., I, 300).

56 milles et 2/3 valent 14 lieues et 2/3 de mille. « Y el primero Almirante
» de las Indias, como consta por muchas escrituras de su mano, las cuales
» todos dan á cada grado 56 millas y dos tercios que constituyen 14 leguas
» y dos tercios de milla. » (Parecer que dió D. Hernando Colon en la junta de Badajoz sobre la pertenencia de los Malucos, dans NAVARRETE, t. IV, p. 335).

M. d'Avezac prouve que les lieues du traité de 1494, qui sont celles en usage parmi les marins espagnols et portugais des XVe et XVIe siècles, se traduisent de nos jours par une valeur très-approximative de 5924 mètres. (*Les voyages d'Améric Vespuce au compte de l'Espagne et les mesures itinéraires employées par les marins espagnols et portugais des XVe et XVIe siècles*, dans le *Bulletin de la Société de Géographie de Paris*, cahiers de septembre et octobre 1858 ; pp. 130-164 du tirage à part).

D'après les auteurs les plus autorisés et les mesurages les plus exacts, le mille romain, dont se servait Colomb, vaut 1481^m75. (M. D'AVEZAC, *Considérations géographiques sur l'histoire du Brésil*, dans le *Bulletin de la Société de Géographie de Paris* d'août, septembre et octobre 1857, p. 97, note 3 du tirage à part).

Ainsi, la lieue = ... $5,924^m$
    le mille = ... $1,481^m 75$
  14 lieues et 2/3 de mille = ⎫
    56 milles et 2/3 =   ⎭ un degré = . . . $85,924^m$
  les 360 degrés du grand cercle = ... $30,213,640^m$
Le grand cercle ayant en nombre rond, d'après les données
    actuelles . . . . $40,000,000^m$
    Colomb réduisait de près d'un quart, ... $9,786,360^m$
le volume de la terre.

» pas de la mer occidentale, bien qu'ils décrivent l'Orient [29]. On
» peut conclure de cela que l'Inde est voisine de l'Espagne et de
» l'Afrique [30] ».

Sur cette interprétation des récits de Marco Polo et de Mandeville, ainsi que sur la valeur qu'il attribue au degré, Christophe Colomb écrit aux souverains espagnols, le 7 juillet 1503 : « Le
» monde est peu de chose…. Je dis que le monde n'est pas aussi
» grand que le croit le vulgaire, et qu'un degré de la ligne équi-
» noxiale vaut 56 milles et 2/3 : cela se touchera du doigt [31] ».

Sur une même interprétation de la valeur du mille et des œuvres de Marco Polo et de Mandeville, le docte Paolo Toscanelli prolongera la Chine jusqu'au méridien de Terre-Neuve [32] ; les sphérographes et les cartographes de la fin du xve siècle et de la première moitié du xvie verront dans l'Amérique du Nord le Mangi et le Cathay, dans l'Amérique du Sud une péninsule asiatique, dans les fleuves du Céleste Empire des tributaires de la mer des Antilles.

Marco Polo et Mandeville eurent incontestablement sur Colomb une influence prépondérante. Les idées qu'il déduisait de leurs relations lui paraissaient d'autant plus certaines qu'il en trouvait la confirmation dans les anciens. En effet, Aristote,

---

[29] Colomb fait erreur. Marco Polo, parlant de Quinsai (Hang-tcheou-fou), dit : « Et encore vos fais savoir qe vingt-cinq miles loing de ceste cité est la
» mere osiane entre grec (N. E.) et levant, et iluec a une cité qe est apellé
« Ganfu (Ning-po) ». Marco Polo signalait donc, comme étant à 25 milles de Quinsai, la mer de Chine, c'est-à-dire la mer occidentale de Colomb. (*Voyage de Marc Pol*, édit. de la Société de Géographie, ch. CLII, p. 170).

[30] *Historie*, p. 29.

[31] NAVARRETE, *op. cit.*, t. I, p. 300. — Voir *suprà*, note 28, § 2.

[32] HUMBOLDT, *Examen critique*, t. I, p. 238.

Strabon [33], Sénèque et Pline disent en substance : « L'Océan entoure toute la terre [34]; entre les côtes occidentales de l'Espagne et les côtes orientales de l'Inde la distance n'est pas grande et, par un vent favorable, on pourrait naviguer en peu de temps de l'Espagne aux Indes ».

C'est une chose que Pierre d'Ailly répéta souvent, et ses œuvres cosmographiques étaient le *vade mecum* de Christophe Colomb.

Cette idée se trouvait encore appuyée d'un passage d'Esdras auquel Colomb accordait une grande confiance : « Et le troisième » jour, Il commanda aux eaux de se réunir dans la septième » partie de la terre [35] ». Le champ de la navigation devait être ainsi fort restreint. Aussi Colomb signalait-il ce passage aux souverains espagnols, dans la lettre qu'il leur écrivit d'Haïti en 1498. Non-seulement il le signale, mais il le commente longuement. Le cardinal Pierre d'Ailly, dit-il, prime Ptolémée, les Grecs et les Arabes. Aristote, Sénèque et Pline, qui ont appris

[33] Eratosthènes, cité par Strabon, dit : « qu'on pourrait aller sur mer depuis » l'Ibérie jusqu'à l'Inde en suivant le même parallèle, n'était l'immensité de » l'Atlantique. Or il se peut, ajoute Strabon, que dans la même zone tempérée » il y ait deux terres habitées, plus même, surtout à proximité de ce parallèle, » qui, passant par Athènes, coupe toute la mer Atlantique ». *(Géographie de Strabon*, trad. nouvelle par Am. Tardieu; Paris, Hachette, 1867, t. I, pp. 109, 110.

Cratès, expliquant la géographie d'Homère, admet deux nations éthiopiennes, l'une à l'ouest et l'autre à l'est de l'Océan. (STRAB., *op. cit.*, t. I, pp. 51, 52).

[34] Oceanus terras velut vinculum circumfluit. (M. A. SENECA, *Suasoriarum*, lib. I, 1).

[35] Et tertia die imperasti aquis congregari in septima parte terræ : sex vero partes siccasti et conservasti...... (ESDRAS, lib. IV, cap. VI, v. 42). Colomb *(Terce viage de Cristobal Colon*, apud NAVARRETE, *op. cit.*, t. I, p. 261) place ce passage dans le III° livre, mais par erreur.

beaucoup des secrets du monde par Alexandre-le-Grand, César
Néron et les Romains, prétendent que la terre est petite et l'eau
peu de chose. Et comme la reine Isabelle aurait peut-être fait
peu de cas des rêveries d'Esdras, Colomb a soin d'ajouter, toujours d'après Pierre d'Ailly, que saint Augustin et saint Ambroise
donnent autorité aux livres d'Esdras [36].

La vérité est que les livres d'Esdras, le premier excepté, ont
toujours été considérés comme apocryphes.

Colomb relevait, sans en faire la critique, tous les textes qui
semblaient favorables à ses vues. Ainsi, il n'a pas remarqué que
le livre apocalyptique d'Esdras, écrit hors de la Palestine au
Ier siècle de l'ère vulgaire, est en contradiction avec tous les
géographes de ce même siècle et du suivant. Par suite des grandes
navigations au nord-ouest et dans la mer des Indes, ceux-ci
renoncent au Fleuve-Océan et ne parlent que de *l'immensité* de

[36] El Aristotel dice que este mundo es pequeño y es el agua muy poca, y
que facilmente se puede pasar de España á las Indias, y esto confirma el
Avenruyz (Averroes) y le alega el Cardenal Pedro de Aliaco, autorizando
este decir y aquel de Séneca, el cual conforma con estos, diciendo que
Aristóteles pudo saber muchos secretos del mundo á causa de Alejandro
Magno, y Séneca á causa de Cesar Nero y Plinio por respecto de los Romanos,
los cuales todos gastaron dineros é gente, y pusieron mucha diligencia en
saber los secretos del mundo y darlos á entender á los pueblos; el cual
Cardenal da á estos grande autoridad mas que á Tolomeo ni á otros Griegos
ni Arabes, y á confirmacion de decir quel agua sea poca y quel cubierto del
mundo della sea poco, al respecto de lo que se decia por autoridad de Tolomeo
y de sus secuaces : á esto trae una autoridad de Esdras del 3° libro suyo,
adonde dice que de siete partes del mundo las seis son descubiertas y la una
es cubierta de agua, la cual autoridad es aprobada por Santos, los cuales
dan autoridad al 3° é 4° libro de Esdras, ansi como es S. Agustin è S. Am-
brosio.... *(Tercer viage de Cristobal Colon,* apud NAVARRETE, *op. cit.*, t. I,
p. 261).

la mer ; Esdras, au contraire, plonge dans le passé pour faire revivre les sept climats des traditions mythiques de l'Inde, et pour affirmer que les eaux ne couvrent que la septième partie du globe.

Esdras a fait en outre une prédiction. Pierre d'Ailly ne l'a pas citée, et Colomb ne l'a pas connue. Si l'immortel génois avait lu, dans un livre qu'il croyait canonique : « Il apparaîtra une » terre qui est maintenant cachée [38] », qu'aurait-il dit ? qu'aurait-il dit s'il avait pu rapprocher cette prédiction du passage du *Commentaire du Songe de Scipion* où Macrobe prétend que le globe forme quatre grandes masses continentales séparées par des bras de l'Océan [39] ? qu'aurait-il dit surtout en la rapprochant des vers prophétiques qui terminent le chœur du IIe acte de la Médée, vers qui firent sur lui tant d'impression [40] ? En y puisant un nouveau motif de confiance il n'aurait peut-être pas eu tort. Esdras en prédisant la découverte d'une terre cachée, Sénèque en prédisant un continent au-delà de l'*Ultima Thule* pensaient

---

[38] Apparebit terra quæ nunc absconditur. (Lib. IV, cap. 7 de la version éthiopienne). La version de saint Jérôme porte : Ecce tempus veniet, et erit quando venient signa... et apparescens ostendetur quæ nunc subducitur terra (IV, VII, 26), forme qui se rapproche beaucoup du *Venient annis* de Sénèque.

[39] D'après Macrobe, l'Océan occupe la zone torride sur toute la circonférence de la sphère, et cette zone, coupée par un second lit également circulaire, forme quatre masses continentales, ou, comme il dit, quatre îles. Que l'on suppose l'Afrique détachée de l'ancien continent et l'isthme de Panama supprimé, on aura la *terra quadrifida* de Macrobe. (*Comment. in Somnium Scipionis*, lib. II, cap. 9. — Voir Humboldt, *Exam. critiq.*, I, 180).

Cette étonnante théorie, répétée par Marcien Capella, est recueillie par Guillaume de Conches et Geoffroy de S.-Victor. (Voir *infrà*, note 61.)

[40] Juste Lipse attribue la Médée à Sénèque le philosophe ; Humboldt semble partager cette opinion. (*Exam. critiq.*, I, 162 n. 1).

peut-être à la Méropide de Théopompe et au *grand continent occidental* de Plutarque. Les mythes cosmographiques de Théopompe et de Plutarque reposent probablement sur des faits ayant un certain degré de certitude, et d'ailleurs nous ne sommes nullement autorisés à rejeter parmi les fictions les navigations transatlantiques des Phéniciens et des Carthaginois.

Colomb était tout à ses études quand il apprit qu'un savant astronome florentin, Paolo Toscanelli, avait assuré au roi Ferdinand V, dans une lettre restée célèbre [41], qu'en naviguant toujours à l'ouest on pouvait aller facilement de Lisbonne à Quinsay, la cité du ciel [42], dans la province de Katay, où est la résidence

---

[41] M. Henry Harrisse, *Don Fernando Colon, historiador de su padre, ensayo critico por. il autor de la* Bibliotheca Americana vetustissima ; Sevilla (Sociedad de Bibliófilos Andaluces) ; 1871, pp. 70-72.

Dans ce bel ouvrage, M. Harrisse a publié pour la première fois le texte latin de la lettre de Toscanelli au chanoine Martinez. Il y a joint une photographie de la copie faite de la main de Christophe Colomb. La lecture de ce difficile manuscrit est parfaite et les abréviations en sont suppléées avec beaucoup de savoir et d'intelligence.

Cet important document de l'histoire maritime du xve siècle a été découvert par don José Fernandez y Velasco, bibliothécaire de la Colombine. (M. d'Avezac, *Livre de Ferdinand Colomb, revue critique des allégations proposées contre son authenticité*, dans le *Bulletin de la Société de Géographie de Paris*, cah. d'octobre 1873, p. 46 du tirage à part).

Avant M. Harrisse, M. le comte de Paris en a fait faire une copie qu'il a collationnée lui-même dans l'une des vastes embrasures de fenêtre de la Colombine. (Lettre communiquée par M. d'Avezac). C'est à M. Harrisse que revient l'honneur de la publication, et il a raison de dire : « Nuestros lectores habrán de agradecernos, sin duda, que demos aquí por vez primera el testo fiel de tan precioso documento, conforme á la copia que hizo el mismo Cristoval Colon por su mano ».

[42] Cita del cielo, ciuitas celi. (Toscanelli, ap. Harrisse, *op. cit.*, p. 72.) —

du Grand Can ou roi des rois. Entre Lisbonne et Quinsai, la distance, de l'est à l'ouest, dit Toscanelli, est de 26 espaces de 250 milles chacun, ce qui donne un total de 6,500 milles, tandis que, de l'ouest à l'est, elle est de 46 espaces valant 11,500 milles.

Ainsi donc, pour Toscanelli comme pour Colomb, la distance supposée entre l'Europe et l'Asie, par l'ouest, dépasse de peu le tiers du parallèle moyen de la route à tenir [43].

Comme beaucoup des cosmographes du moyen-âge, Toscanelli et Colomb supposaient dans l'Atlantique une île Antilia ou des Sept-Cités, des îles Saint-Brandan, Satanaxio, Brasil et autres. Dans la théorie du savant florentin, ces îles avaient une grande importance. Cipangu [44], l'île aux temples et aux palais couverts et pavés d'or, était connue, dit-il, par Marco Polo (qui ne dit pas à quelle distance elle est de l'Asie); Antilia est connue des marins de l'occident (qui pourtant ne l'avaient jamais vue).

Città del cielo. (*Historie*, p. 34). — Quinsai, que vaut à dire en franchois la cité du ciel. (*Voyage de Marc Pol*, édit. de la Soc. de Géog. de Paris, ch. CLII, p. 168).

[43] « Il semble naturel de penser que ce dût être au cap Saint-Vincent, » extrémité occidentale de l'Europe, qu'il plaçait le point de départ de sa » route conjecturale ; et cette donnée suffit pour faire reconnaître que son » estime s'appuyait, comme on devait s'y attendre à priori, sur celle de Pto- » lémée, de 500 strades ou 62 milles et 1/2 pour le degré équatorial ». (M. D'AVEZAC, *Les voyages d'Améric Vespuce au compte de l'Espagne*, etc., p. 135 du tirage à part).

[44] Colomb croyait que l'île de Cuba était Cipangu (le Japon). « Quisiera hoy partir para la isla de *Cuba*, que creo que debe ser *Cipango* segun las señas que dan esta gente de la grandeza della y riqueza ». (*Este es el primer viage, y las derrotas y camino que hizo el Almirante D. Cristóbal Colon cuando descubrió las Indias*, etc., apud NAVARRETE, *op cit.*,, t. I, p. 38. Journée du mardi 23 oct. 1492).

L'inconnu est donc compris entre Antilia et Cipangu, soit 10 espaces ou 2,500 milles. On comprend très-bien que Colomb, suivant l'expression de son fils Fernando, se soit enflammé à la lecture de cette lettre 45.

C'est avec la carte jointe aux lettres de Toscanelli que Christophe Colomb partit de Palos à la recherche non d'un nouveau monde qu'il ne soupçonnait pas, qu'il n'a probablement jamais soupçonné, mais d'une route directe pour « aller scruter les dispo- » sitions d'un puissant prince de l'Inde, le *Gran Can*, relative- » ment à la religion chrétienne 46 ». Sur la foi de cette carte, il se dirige avec l'assurance d'un homme qui sait devoir trouver ce qu'il cherche 47.

Les craintes, les appréhensions, les angoisses, si éloquemment exprimées par M. Ferdinand Denis 48, ne s'aperçoivent pas plus dans le journal de route que la révolte et les menaces de mort dont les poètes ont tant abusé. Encore une fois, il s'avançait avec la confiance d'un homme qui sait sa route.

Sur quelle autorité s'est fondé Toscanelli ? Sur Marco Polo. Sa lettre à Ferdinand V et à Colomb ne laisse aucun doute à cet égard. Il a consulté Nicolo di Conti, mais uniquement pour réduire le périmètre et le nombre de ponts de Quinsai.

45 Questa lettera, come io ho detto, infiammò assai più l'Ammiraglio al suo scoprimento, quantunque chi glie la mandò fosse in errore, credendo, che le prime terre, che si troussero, douessero essere il Cataio, et l'Imperio del Gran Can, con el altre cose, che egli racconta. (*Historie*, p. 37).

46 Préambule du journal du premier voyage, dans NAVARRETE, *op. cit.*, t. I, pp. 1, 2.

47 Journal du premier voyage, notamment aux dates des 15, 19, 20, 25 septembre, 3 et 6 octobre 1492.

48 M. FERDINAND DENIS, *Le monde enchanté, Cosmographie et histoire naturelle fantastiques du moyen-âge*; Paris, Fournier, 1843, pp. 120 et seq.

L'influence de Marco Polo sur Toscanelli est incontestable ; l'influence de Marco Polo et de Toscanelli sur Colomb est avouée par Fernando.

Aux investigations scientifiques, Colomb a joint ce que Fernando appelle des indices de navigation [49]. Nous n'insisterons pas sur ce point. Nous admettons toutefois comme réelle l'histoire d'Alonzo Sanchez, pilote de Huelva, qui, après avoir vu les Antilles, mourut dans la maison de Colomb, en lui léguant ses cartes et son journal [50]. Pour réduire cette affaire à sa véritable valeur, nous devons ajouter qu'au moment de la mort de Sanchez, Colomb s'occupait depuis longtemps de la route de l'ouest.

En résumé, l'immortel génois ne s'est pas embarqué en aventurier, mais en homme prudent et sage, après avoir étudié son projet avec une patience et un courage qui font sa gloire.

Quand, arrivé au bout de sa carrière, il regarde la route parcourue et rappelle, avec une éloquente naïveté, combien « le Seigneur le favorisa [51] », il est dans le vrai ; mais quand il ajoute

[49] *Historie*, pp. 37 et seq. — HERRERA, *op. cit.*, t. I, pp. 6 et seq.

[50] M. LUCIANO CORDEIRO, *La part prise par les Portugais dans la découverte de l'Amérique* (Congrès international des Américanistes, session de 1875, t. I, pp. 274 et seq.). La question est traitée avec beaucoup de savoir, de sagacité et d'impartialité. Elle peut être considérée comme résolue.

[51] De muy Pequeña edad entré en la mar navegando, é lo he continuado fasta hoy.. La mesma arte inclina á quien le prosigue á desear de saber los secretos deste mundo. Ya pasan de cuarenta años que yo voy en este uso. Todo lo que fasta hoy se navega, todo lo he andado. Trato y conversacion he tenido con gente sabia, eclesiásticos é seglares, latinos y griegos, judios y moros, y con otros muchos de otras setas.

A este mi deseo falle á nuestro Señor muy propicio, y hobe dél para ello espíritu de inteligencia. En la marineria me fizo abondoso ; de astrologia

deux pages plus loin : « Et je dis que, pour l'entreprise des
» Indes, le raisonnement, les mathématiques et les mappe-
» mondes ne me servirent de rien : j'ai accompli la prédiction
» d'Isaïe [52] », il nous laisse pensif, presque triste. C'est une
façon de clore la question que nous n'acceptons nullement.
Nous nous en tenons à ce qu'il appelait, au temps des confé-
rences de Lisbonne et de Salamanque, « des raisons cosmographiques », et sans tenir aucun compte du merveilleux qu'il
produit dans son *libro de las Profecias,* nous examinerons si nos
Normands avaient les mêmes raisons que lui de chercher, par
l'ouest, un passage aux pays décrits par Marco Polo.

III.

Le voyageur vénitien fait des contrées de l'Extrême-Orient
un tableau qui rappelle les merveilles des *Mille et une nuits.* Des
fleuves d'une immense étendue, aux rives enchanteresses, por-
tent partout la fraicheur, l'abondance et la vie. De nombreux
navires, richement chargés, s'y croisent avec les élégantes
embarcations des seigneurs et des artisans. Dans un seul de ces

me dió lo que abastaba, y ansí de geometría yo arismética ; y engenio en el
ánima y manos para debujar esfera, y en ella las cibdades, rios y montañas,
islas y puertos, todo en su propio sitio.

En este tiempo he y visto yo puesto estudio en ver de todas escrituras, cosmografia, históricas, corónicas y filosofia, y de otras artes ansí que me abrió
Nuestro Señor el entendimiento con mano palpable, á que era hacedero
navegar de aquí á las Indias, y me abrió la voluntad para la ejecucion
dello; y con este fuego vine á V. A. (*Libro de las profecias,* apud NAVARRETE,
op. cit., t. II, p. 262.). — Voir *Historie,* cap. IV, pp. 14-16.

[52] Ya dije que para la esecucion de la impresa de las Indias no me aprove-
chó razon ní matemática ní mapamundos : llenamente se cumplió lo que dijo
Isaias... (*Libro de las profecias,* loc. cit., p. 265).

fleuves, deux cents villes mirent leurs ponts de marbre ornés de colonnes, leurs temples, leurs palais d'une richesse infinie, leurs bains nombreux, vastes et splendides. A travers les bosquets où chantent les plus beaux oiseaux du monde, on aperçoit des habitations admirablement travaillées. « Il hi a tant merchaanz » et si riches qe sont si grant mercandies, qe ne est homes qe » peust dir la vérité, si demesurée couse sunt.... Et lor dames » sunt ausi ausi mout deliés et angélique chouse ».

Non-seulement ces pays féériques produisent en abondance les pierres précieuses, l'or, l'argent, les épiceries; non-seulement ils sont très-peuplés, très-industrieux, très-artistiques; non-seulement ils sont administrés, comme les Chinois le sont encore aujourd'hui, par les plus instruits et les plus dignes, sans nul égard à la naissance et à la fortune, mais le Grand Can ou roi des rois demande des prêtres pour convertir ses peuples à la foi chrétienne [53].

Cette belle et véridique relation ouvrit à la vieille Europe des horizons complètement inattendus. L'art nautique, la cosmographie, l'astronomie en reçurent une impulsion prodigieuse. En 1339, les Normands aliaient aux Canaries et aux côtes du Maroc; en 1364, ils arrivaient aux côtes de Guinée; en 1402, notre Jean de Béthencourt prenait possession des Canaries et montrait au vieux continent la route de l'Amérique; bientôt

---

[53] *Voyage de Marc Pol*, édit. de la Soc. de Géog. de Paris — *Peregrinatio Marci Pauli*, édit. de la Soc. de Géog. de Paris — *Dei viaggi di messer Marco Polo gentil' huomo veneliano* (traduit du latin, en 1320, par le frère Francesco Pipino, de l'Ordre des Frères Prêcheurs), dans RAMUSIO, *Delle navigationi et viaggi*, t. II, jusqu'au folio 60 ; Venetia, 1606. — Comparez avec le *Viaggio di Niccolo di Conti venetiano, scritto per Messer Poggio Fiorentino*, dans RAMUSIO, Venetia, 1573, t. I, ff. 338-345.

arrive le prince Henri, surnommé le Navigateur, et les Portugais commencent cette merveilleuse série de découvertes, cette admirable page de l'histoire de la géographie qu'ils ont couverte de tant de noms illustres, sur laquelle ils viennent encore de graver ceux de Serpa Pinto, de Capello et d'Ivens.

La relation de Marco Polo fut publiée en allemand, en 1477 et 1481, à Nüremberg et Augsbourg. Elle fut également incompréhensible pour Colomb, Toscanelli et les Normands. Peut-être n'en fut-il pas de même de celle faite à Zwolle, en 1483, à la suite de l'*Itineraria* de Mandeville [54].

Cette relation prit de suite une si grande importance qu'elle parût simultanément, traduite ou abrégée, en Allemagne, en France, en Hollande, en Italie, en Espagne, en Portugal, en Angleterre. En 1865, le savant Pauthier en comptait 56 éditions [55]. Depuis, on en a fait au moins quatre, dont deux de grande valeur.

Avant la découverte de l'imprimerie on en fit de nombreuses copies. D'où venaient-elles? C'est ce que nous allons rechercher.

En 1298, Marco Polo était dans les prisons de Gênes et avait pour compagnon de captivité Rusticien de Pise, qui jouissait d'une réputation littéraire méritée.

Le vieux voyageur narra ses pérégrinations, Rusticien tint la plume et la relation fut rédigée dans cette bonne vieille langue

---

[54] Sous le titre : *M. Paul. venet. de regionibus orientalibus.*

[55] *Le livre de Marco Polo, citoyen de Venise, conseiller privé et commissaire impérial de Khoubilaï-Khaân ; rédigé en français sous sa dictée en 1298 par Rusticien de Pise* ; Paris, 1865, Introduction, p. xcv.

d'oïl [56] que les Normands portèrent en Palestine, dans cette langue qui servit de moule aux *Assises de Jérusalem*, aux *Établissements de saint Louis*, aux œuvres si originales de Villehardouin et de Joinville.

Pourquoi Marco Polo, qui voulait être lu par « l'univers monde », choisit-il précisément la langue de Joinville? Nous laissons à deux auteurs italiens du temps le soin de répondre.

Brunetto Latini, le maître du Dante, s'exprime ainsi : « Et se » aucuns demandoit por quoi cist livres est escriz en romans, » selon le langage des François, puisque nos somes Ytaliens,

---

[56] M. Paulin Paris, *Bulletin de la Soc. de Géog. de Paris*, t. XIX, année 1833, pp. 23-31. — *Nouveau Journal Asiatique*, t. XII, année 1833, pp. 244-254. — *Moniteur universel* du 26 oct. 1850, pp. 3156, 57.

M. d'Avezac, *Un mot sur la langue en laquelle a été écrite la relation originale de Marco Polo.* (Bull. de la Soc. de Géogr. de Paris, août 1841, pp. 117-120). M. d'Avezac cite Jehan Lelong d'Ypres, abbé de S.-Bertin, auteur presque contemporain, qui termine ainsi un article sur Marco Polo: « .... Quem » (Marcum Paulum) Chaan, propter suam habilitatem in suis negotiis, ad » diversas Indiæ et Tartariæ partes et insulas misit, ubi illarum partium multa » mirabilia vidit, de quibus postea LIBRUM IN VULGARI GALLICO COMPOSUIT, » quem librum mirabilium cum pluribus similibus penes nos habemus ».

M. d'Avezac, *Relation des Mongols ou Tartares par le frère Jean du Plan de Carpin, de l'Ordre des Frères Mineurs*, etc., dans le *Recueil de Voyages et de Mémoires* de la Soc. de Géog. de Paris, t. IV, pp. 407-11.

Hugh Murray, *The Travels of Marco Polo*; Edimbourg, 1844, pp. 28, 29.

Thomas Wright, *The Travels of Marco Polo*; Londres, 1854, Introd., pp. 24 et seq.

Vincenzo Lazari, *I. Viaggi di Marco Polo, descritti da Rusticiano di Pisa, tradotti per la primera volta d'all originale francese*; Venezia, 1847, pp. XXII-XXVIII.

Baldelli Boni, *Il Milione di Marco Polo*; Florence, 1827, t. I, pp. XII-XIV et 98.

G. Pauthier, *op. cit.*, pp. LXXXII-XCI.

» je diroie que ce est por. ij. raisons : l'une, car nos somes en
» France ; et l'autre *porce que la parleure est plus delitable et plus
» commune à toutes gens* 57 ».

Martino da Canale, auteur d'une histoire de Venise dont le manuscrit est à Florence, a écrit en français « pour ce que la
» langue françoise *cort parmi le monde et est plus delictable à lire
» et à oïr que nulle autre* 58 ».

Voilà pour quelle cause le *livre de Marco Polo*, qui est encore aujourd'hui la pierre angulaire de la géographie de l'Orient, fut écrit en français.

Huit ans plus tard, Thiébault, chevalier, seigneur de Cepoy, se trouvait à Venise pour une mission diplomatique. Il vit Marco Polo et lui demanda une copie de sa relation. « Et ledit
» sire Marc Pol, comme tres honnourable et tres accoustumé
» en plusieurs regions, et bien morigené ; et lui, desirans que
» ce qu'il auoit ueu fut sceu par l'vniuers monde, et pour
» l'onneur et reuerance de tres excellent et puissant prince
» monseigneur Charles, filz du Roy de France, et conte de
» Valois, bailla et donna au dessus dit seigneur de Cepoy, la
» premiere coppie de son dit liure, puis qu'il l'eut fait ; et
» moult lui estoit agreables quant par si preudhomme estoit
» annunciez et portez és nobles parties de France. De laquelle
» coppie, que ledit messire Thiebault sire de Cepoy, cy dessus
» nommez, apporta en France, messire Jehan, qui fut son
» ainsnez filz, et qui est sires de Cepoy, après son deces, bailla
» la premiere coppie de ce liure qui oncques fut faite, puis que

---

57 BRUNETTO LATINI, *Li livres dou Tresor*, edit. CHABAILLE ; Paris, Imp. imp., 1863, p. 3.

58 GÉNIN, *Des variations de la langue française*, Introduction, p. 30.

» il fut apporté ou royaume de France, à son tres chier et
» tres redoubté seigneur monseigneur de Valois. Et, depuis, en
» a il donné coppie à ses amis, qui l'en ont requis. Et fut celle
» coppie baillée dudit sire Marc Pol audit seigneur de Cepoy,
» quant il alla en Venise pour monseigneur de Valois, et pour
» madame l'empereris sa femme, vicaire general pour eulx deux
» en toutes les parties de l'empire de Constantinople.

» Ce fut fait l'an de l'incarnation nostre Seigneur Jhesu Crist
» mil trois cent et sept, ou mois d'aoust [59] ».

Toutes les autres rédactions et traductions sont faites sur les manuscrits rédigés sous les yeux de Marco Polo par Rusticien de Pise d'abord, puis par le sire de Cepoy.

On nous accordera bien que si ces relations furent connues, c'est surtout en France.

Un autre voyageur qui s'aventura sur les traces de Marco Polo, eut aussi une grande influence : c'est John de Mandeville. Parti en 1332, ses pérégrinations durèrent trente-quatre ans. De retour dans sa patrie, il en écrivit le récit en anglais, en français et en latin.

Cette relation fut imprimée pour la première fois en 1480, en français et à Lyon [60].

Qui donc fut le plus à portée de la connaitre ? Sur quel pays eut-elle le plus d'influence ?

Un vieux conteur disait plaisamment que les Normands faisaient cette prière : « Mon Dieu, nous ne demandons pas de

---

[59] *Le Livre de Marco Polo*, édit. PAUTHIER, Préambule.

[60] BERGERON, *Voyages faits principalement en Asie dans les XII*[e], *XIII*[e], *XIV*[e] *et XV*[e] *siècles* ; La Haye, Jean Neaulme, 1735 ; *Recueil ou abrégé des voiages, et observations, du S*[t] *Jean de Mandeville*, Préface, p. 2. — *Nouvelle biographie générale*, t. XXXIII, col. 171.

» biens ; dis-nous seulement où il y en a ». Ces hommes d'acier qu'on retrouve dans toutes les mers, qui savent se faire bien accueillir dans tous les pays, n'ont besoin, effectivement, que de savoir où il y a des richesses, car, pour les conquérir, ils ont le droit de compter sur leur courage invincible, sur la solidité de leurs navires, sur leur probité commerciale.

Est-ce que les récits de Marco Polo et de Mandeville ne les poussaient pas vers ces merveilleux pays du *Grand Can* ?

Au moment où Mandeville publiait son livre, un armateur de Dieppe s'occupait activement de navigations lointaines, et ses navires étaient commandés par des hommes dont les noms sont gravés dans les fastes de la géographie : c'était Jean Ango Ier. Jean Ango était très-entreprenant, il se tenait certainement au courant des questions cosmographiques, et pour mettre à exécution ses projets il n'avait besoin de la permission ni de l'aide de personne, ce qui lui donnait sur Colomb un immense avantage.

Nous nous demandions, il y a un instant, ce qu'aurait dit Christophe Colomb s'il avait connu le *Commentaire du Songe de Scipion* ; nous nous demandons maintenant si l'on connaissait en France la théorie de Macrobe. Si nous l'avons ignorée, c'est bien par notre faute, car Guillaume de Conches et Geoffroy de Saint-Victor ont soutenu que la surface terraquée du globe est divisée par l'Océan en quatre parties, et forme quatre grands continents dont les deux de l'ouest nous sont inconnus [61].

---

[61] Cette étonnante théorie de la *Terra quadrifida* de Macrobe a été répétée par Marcien Capella. Guillaume de Conches l'a ressuscitée au commencement du XIIe siècle. (*Philosophia minor*, lib. IV, cap 3). Bède, historien des navigations scandinaves, a publié, sous le titre *De elementis philosophiæ*, le travail

Guillaume, né à Conches en Normandie, est mort vers 1150. Grammairien et philosophe, il fut célèbre non-seulement par sa science mais par les idées nouvelles qu'il mit en circulation. Son livre *Philosophia Minor* fut publié dans les œuvres de Bède, sous le titre *De elementis philosophiæ*, et, dans celles d'Honoré d'Autun, sous le titre *Philosophia Mundi* [62]. Cette œuvre, qui devait faire rêver les marins et les armateurs, comment n'aurait-elle pas été connue en Normandie, dont Guillaume de Conches était l'une des gloires ?

Quant au *Microcosmos* du chanoine de Saint-Victor, il est resté manuscrit, et s'il fut connu, c'est en France [63].

Les classiques grecs et latins auxquels Colomb fit tant d'emprunts, particulièrement par l'intermédiaire de Pierre d'Ailly, n'étaient pas moins étudiés en France qu'en Portugal.

Pour Colomb, Pierre d'Ailly fut un oracle ; pour les hommes de son temps, ce prélat fut le *Marteau des hérétiques* et l'*Aigle des docteurs de France ;* pour tous les temps, il fut un homme remarquable : enfant d'une famille obscure, il est parvenu au cardinalat par son seul mérite.

Ses œuvres cosmographiques furent publiées, au plus tôt,

---

de Guillaume ; et ce même travail fut compris, sous le titre *Philosophia mundi*, dans les œuvres d'Honoré d'Autun.

Au xiiie siècle, Geoffroy de Saint-Victor s'est emparé de nouveau de la théorie de Macrobe. (*Microcosmos*, Bibl. nat., fonds de S.-Victor, n° 738, f° 18 verso, cité par M. Ch. Jourdain, *De l'influence d'Aristote et de ses interprètes sur la découverte du Nouveau-Monde ;* Paris, P. Dupont, 1861, pp. 8, 9).

[62] *Nouvelle biographie générale*, verbo *Guillaume de Conches*, t. XXXII, col. 667 et seq.

[63] *Nouvelle biographie générale*, verbo *Geoffroi*, t. XX, col. 18.

en 1490 [64]. C'est donc sur des manuscrits que Christophe Colomb les consultait. Ces manuscrits furent pour le moins aussi communs en France qu'en Portugal, et si les hypothèses de l'illustre prélat eurent du retentissement et de l'influence, c'est surtout dans sa patrie.

Nos Normands croyaient-ils, comme Christophe Colomb, que l'Atlantique avait peu de largeur, et que, par un bon vent, on pouvait le traverser en peu de jours ? Croyaient-ils, comme Christophe Colomb, qu'au delà se trouvaient les pays merveilleux décrits par Marco Polo et John de Mandeville ? Avaient-ils, comme Christophe Colomb, le désir de prendre part au trafic le plus fructueux dont on ait jamais ouï parler ? Nous répondons par ce dicton paradoxal : « Je n'en sais rien, mais j'en suis sûr ! »

IV.

Tandis que l'immortel génois portait son projet de cour en cour, offrant pour quelques vaisseaux tout un monde, nos marins de Dieppe et de Rouen n'avaient besoin, pour tenter les plus grandes aventures, que d'un mot de ces marchands qui, jadis, les avaient envoyés aux côtes de Guinée. Ce mot fut donné.

« L'an de grâce mil cinq cent trois, le propre jour de » Monseigneur Saint Jean Baptiste, s'en partirent du hable de » Honnefleur » Binot Paulmier de Gonneville et 60 hommes pour aller aux Indes orientales.

Arrivés à la zone des calmes du Capricorne, « région maudite » et redoutée des marins, et par eux pittoresquement stigmatisée

---

[64] *Nouvelle biographie générale*, verbo *Ailly*, t. I, col. 461-63.

» du nom de *Pol-au-Noir* [65] », ils furent très-maltraités par la mer, et le 9 novembre les trouva dans le voisinage des îles de Tristan da Cunha, un peu au sud du parallèle du cap de Bonne-Espérance. La mer continuant à se jouer d'eux, dans les premiers jours de janvier 1504 « ils commencèrent à voir
» plusieurs oiseaux venans et retournans du costé du sud, ce
» qui leur fit penser que de là ils n'étoient éloignez de terre :
» pour quoi, jaçoit qu'aller là fust *tourner le dos à l'Inde orien-*
» *talle*, necessité cy fit tourner les vesles ; et le 5 Janvier
» decouurirent une grande terre, qu'ils ne purent aborder que
» l'assoirant du lendemain, obstant un vent de terre contraire ;
» et encrèrent à bon fond.

» Et dez ledit jour aucuns de l'équipage furent en terre
» reconnoistre ; et dez le matin suyuant fut enuoyé la barge
» ranger la coste pour trouuer port, et reuint l'après-midy ;
» et conduisit la nauire dans vne riuiere qu'elle auoit trouuée,
» qui est quasiment comme celle de Orne [66] ».

La grande terre découverte était le Brésil, et la rivière assez semblable à l'Orne, était le Rio San Francisco do Sul, qui débouche, par 26° 10' de latitude sud, dans le pays anciennement occupé par les Carijós [67].

Dans la déclaration qu'il a faite, le 19 juin 1505, devant les *gens tenants l'amirauté de France au siege general de la Table de marbre du Pallais à Rouen*, Gonneville décrit le pays et les

---

[65] M. D'AVEZAC, *Campagne du navire l'Espoir de Honfleur, 1503-1505. Relation authentique du voyage du capitaine de Gonneville és nouvelles terres des Indes publiée intégralement pour la première fois avec une introduction et des éclaircissements.* (Annales des voyages, juin et juillet 1869, tirage à part, p. 69, Introduction).

[66] M. D'AVEZAC, *op. cit.*, pp. 94, 95 (Relation).

[67] M. D'AVEZAC, *op. cit.*, p. 72. (Introduction).

habitants, et cette description ne laisse aucune place au doute : on croirait lire une page de Jean de Léry ou d'Yves d'Evreux.

Le bon capitaine nous apprend aussi que « empuis aucunes » années en ça les Dieppois et les Malouïnois et autres Normands » et Bretons vont quérir du bois à teindre en rouge, cotons, » guenons et perroquets et autres denrées [68] ». Or, *aucunes années* avant juin 1503 supposent, à tout le moins, trois années d'antériorité, d'où il suit que, dès la première moitié de 1500, au plus tard, nos navires allaient chercher au Brésil du bois de teinture.

Dans le temps même où Gonneville séjournait sur le Rio San Francisco do Sul, un autre capitaine de Honfleur, Jean Denis, ayant pour pilote, Gamart, de Rouen, touchait également au Brésil.

Jean Parmentier, qui signale le fait, ajoute ces lignes remarquables : « Si le roi (François Ier) voulait lâcher la bride aux » marchands de son pays, ils lui conquerraient, en quatre ou » cinq années, le trafic et l'amitié de toutes les nations de cette » nouvelle terre; par amour et sans violence, ils pénétreraient » plus avant que ne l'ont fait les Portugais en cinquante ans [69], » et les peuples de cette terre les chasseraient comme leurs » ennemis mortels : telle est la principale raison pour laquelle » les Portugais ne veulent pas que les Français y viennent, » parce que, dès que les Français pratiquent en quelque lieu,

---

[68] M. D'AVEZAC, *op. cit.*, p. 104 (Relation).

[69] Les Cinquante ans sont une inadvertance de lecture : la découverte ayant eu lieu en 1500 et la relation étant de 1539, c'est quarante ans que l'auteur, Pierre Crignon, a voulu dire.

» les habitants de ce lieu ne demandent plus les Portugais, ils
» les ont en abjection et en mépris [70] ».

La date de 1504 revient encore. Dans une enquête faite par un jésuite anonyme, en 1584, sous le titre *Enformação do Brazil et de suas capitanias*, on lit au chapitre *Da primeira entrada dos Francezes no Brazil* : « En l'année 1504, les Français vinrent au
» Brésil, la première fois au port de Bahia, et ils entrèrent dans
» la rivière de Paraguaçu qui est à l'intérieur de cette même
» baie, y firent leur trafic et s'en retournèrent satisfaits en
» France, d'où vinrent ensuite trois navires au même lieu ».
De ces trois navires, l'un fut pris et les deux autres furent brûlés. Quelques hommes, parvenus à s'échapper dans une chaloupe, trouvèrent, à la pointe d'Itapuama, un quatrième navire français qui les reçut à son bord [71].

Cette rencontre fortuite, dans les environs de Bahia, prouve qu'en 1504 nos navires visitaient souvent les côtes du Brésil.

Nous avons dit, en parlant du voyage de Gonneville, que nos premières navigations aux côtes de l'Amérique du Sud remontent au moins à la première moitié de l'an 1500. Une autre pièce va peut-être nous permettre de remonter un peu plus haut.

Dans sa *Bibliotheca Americana Vetustissima*, M. Henry Harrisse, du barreau de New-York, décrit, sous les n°s 99 et 100, deux exemplaires d'un opuscule de 3 feuillets, sans nom d'auteur, sans lieu ni date d'impression, ayant pour titre *Copia der Newen Zeytung auss Presillg Landt*. C'est la version très-peu claire,

---

[70] *Discorso d'un gran capitano di mare francese del luogo di Dieppa*, dans RAMUSIO, *Navigationi et viaggi*, t. III, f° 358 B, Venise, 1606.

[71] Ce curieux document a été publié par Varnhagen dans la *Revista trimensal*, t. VI, pp. 404-35. Voir spécialement pp. 412-14.

d'un fragment de lettre écrit primitivement en italien [72], et donnant le récit d'une expédition portugaise armée en partie par Christoval de Haro. Le navire monté par l'auteur de la lettre est arrivé du Brésil le 12 octobre « précédent [73] ».

Humboldt place ce voyage entre 1525 et 1540 [74], mais il a des doutes, et des doutes bien fondés.

L'un des exemplaires décrits par M. Harrisse a été imprimé à Augsbourg, par Erhart Oglin. Oglin ayant cessé d'imprimer en 1516, le voyage est nécessairement antérieur à cette date.

Varnhagen [75] fixe pour ce voyage la date de 1508 et veut bien faire remonter à cette époque l'arrivée des Normands au Brésil. L'expédition à laquelle se réfère le savant lusitano-brésilien était commandée par Solis et Vicente Yãnez Pinçon : donc elle était castillane; donc elle ne peut être confondue avec celle de la *Copia*, qui était portugaise.

Le terrain déblayé de ces deux hypothèses, nous ne trouvons plus que trois expéditions envoyées par le Portugal au Brésil :

La première, commandée par Pedralvarez Cabral et composée de treize voiles, eut lieu en 1500 [76]. Tous les détails en sont

---

[72] M. Harrisse suppose que la version originale était en portugais. M. d'Avezac pense que les dénominations de *Capo de Bona Sperantza, colfo stritto di Gibelterra, coperta, etc.*, prouvent au contraire une origine italienne. *(Considérations géographiques sur l'histoire du Brésil*, p. 79, note 1 du tirage à part). — Humboldt est aussi de cet avis. *(Examen critique*, t. V, p. 249).

[73] TERNAUX-COMPANS, *Archives des voyages*, t. II, pp. 306-9, donne une traduction de cet opuscule. Humboldt en donne un long extrait. — *(Examen critique*, t. V, pp. 239 et seq.).

[74] HUMBOLDT, *Examen critique*, t. V, p. 249.

[75] VARNAGEN, *Historia geral do Brazil* ; Madrid, 1854, t. I, pp. 36 et 434-35.

[76] A cual armada era de treze velas entre naos, : avios et caravelas. *(Decada primeira da Asia de* JOAO DE BARROS ; Lisboa, 1628, liv. V, cap. 1, f. 86 verso, col. 2).

bien connus. Il est impossible de l'assimiler avec celle de la *Copia*.

La troisième, ayant à sa tête Gonzales Coelho, était composée de six voiles et partit de Lisbonne le 10 mai 1503 [77]. Elle perdit quatre navires et les deux autres revinrent avec un chargement de bois de teinture, de singes et de perroquets. Elle n'a aucun rapport avec celle de l'opuscule allemand.

Il ne reste plus que la seconde. Elle avait pour capitaine Nuno Manuel, pour cosmographe Amerigo Vespucci ; elle se composait de trois navires et partit de Lisbonne le 13 mai 1501 [78].

Deux de ses navires seulement revinrent au port d'armement. La *Copia* ne désigne expressément que deux navires.

Elle longe la côte d'Afrique jusqu'au Cap-Vert et fait voile au sud en inclinant à l'ouest — comme celle de la *Copia*.

Elle subit une tempête dans le voisinage de l'équateur et une autre sur les côtes du Brésil. L'expédition de la *Copia* essuie une tempête sur les mêmes côtes, et l'auteur anonyme dit à cette occasion : « Le pilote, c'est-à-dire le conducteur du vaisseau » est mon très-bon ami, c'est le plus célèbre de tous ceux du » roi de Portugal ». C'est l'opinion que Vespucci avait de lui-même, peut-être avec raison [79]. « Il a été plusieurs fois dans

---

[77] Damasio de Goes, *Chronica de João II*; Lisboa, 1567.

[78] Con felice augurio adunque, alli xiij. di Maggio. M. D. I. per comandamento del Re ci partimmo da Lisbona con tre carauelle armate, et andammo à cercare il mondo nuouo. (*Sommario di Amerigo Vespucci Fiorentino di due sue nauigationi al Magnifico M. Pietro Soderini Gonfalonier della Magnifica Republica di Firenze*, dans Ramusio, op. cit., t. I, 1563, f. 130, C.)

[79] à propos de l'une des tempêtes survenues à l'expédition de Manuel, le cosmographe florentin s'exprime ainsi : « Et per qsta cagione mi acquistai non picciola gloria : di modo che dall' hora innāzi appresso di loro fui tenuto in

» l'Inde », continue le narrateur. Vespucci y était allé deux fois, en 1497 et en 1499, pour le compte de l'Espagne. « Il m'a dit
» et pense, ajoute la *Copia*, que de ce cap du Brésil ou commen-
» cement de la terre du Brésil il n'y a pas plus de 600 lieues
» jusqu'à Malacca *(Malaqua)* ; il pense aussi que par cette route
» on pourra aller à Malacca et en revenir en si peu de temps
» que ce sera un grand avantage pour le roi de Portugal, à
» raison du commerce des épices. *On trouve aussi que le pays*
» *du Brésil tourne et continue jusqu'à Malacca* [80] ».

Cette persistance à revenir sur ce nom de Malacca rappelle forcément Amérigo Vespucci, qui rêvait et qui tenta d'aller à cette presqu'île par la voie que suivit plus tard Fernândo de Magalhães.

Dans la lettre qu'il écrivit de Lisbonne à Pietro Soderini [81],

quel luogo, che i dotti sono hauuti appresso gli huomini da bene, percioche insegnai loro la carta da nauigare, et feci che cōfessassero che i nocchieri ordinarij ignoranti della cosmographia, à mia cōparatione non hauessero saputo niente. (*Sommario di Amerigo Vespucci*, etc., dans RAMUSIO, t. I, f. 130 F.).

80 Il ne sera peut-être pas hors de propos de faire remarquer ici que, sur le globe Lenox de 1511, l'Amérique se termine au sud par un tracé conjectural semblable à celui de l'Afrique. (*Soc. normande de Géographie*, cahier d'oct.-nov.-déc. 1879, p. 219). Sur une mappemonde de Joan. Ruysch jointe au Ptolémée de 1508 (imprimé par Evangelista Tosino et rédigé par Marc de Bénévent et Jean Cotta), l'Amérique du Sud est représentée, sous le nom de *Terra Sanctæ Crucis sive mundus novus*, comme une île d'immense étendue. Une légende ajoute : « Hæc regio a plerisque alter terrarum orbis existimatur ». Il est dit aussi sur cette mappemonde que l'on n'a pas encore atteint l'extrémité du continent. (Voir HUMBOLDT, *Examen critique*, t. II, p. 5 et seq. ; t. V, p. 20, note 2.)

81 *Di Amerigo Vespucci fiorentino lettera prima drizzata al Magnifico M. Pietro Soderini Gonfaloniere perpetuo della Magnifica et excelsa Signoria di Firenze, di due viaggi fatti per il Serenissimo Re di Portogallo*, dans RAMUSIO, *op. cit.*, t. I, f. 128 A.

le savant cosmographe dit qu'au moment où le roi Emmanuel le fit demander, il formait le projet de retourner au *Pays des Perles*. Et dans sa lettre à Médicis sur son troisième voyage on lit : « J'espère pouvoir ajouter peut-être à la relation de mes
» différents voyages celle d'une quatrième expédition. J'ai le
» vif désir de me rendre de nouveau dans cette partie du monde
» qui s'étend vers le midi. Pour exécuter ce projet on a déjà
» armé et abondamment chargé de vivres deux caravelles. *Je*
» *passerai donc au levant par le sud*, et, arrivé là, je ferai des
» choses dignes d'éloges, utiles à ma patrie et honorables pour
» la mémoire de mon nom. Cette entreprise sera la consolation
» de ma vieillesse qui arrive à grands pas. Tout est prêt, il ne
» manque que l'ordre du roi, et nous naviguerons à pleines
» voiles, s'il plait à Dieu que nous réussissions [82] ».

Cette idée de passer à l'orient par le sud, exprimée à la fois dans la *Copia* et dans les lettres de Vespucci, est reproduite dans

[82] Ho in animo di nuouo andare a cercar quella parte del mondo, che riguarda mezo giorno : et per mandare ad effetto cotal pensiero gia sono apparecchiate et armate due carauelle et fornite abbōdantissimamente di vettovaglie. Mentre adunque io anderò in leuante faccedo il viaggio per mezzo giorno nauigherò per ostro. et gionto che sarò la, io farò molte cose a laude et gloria di Dio, a vtilità della patria, a perpetua memoria del mio nome, et principalmente a honore et alleuiamento della mia vecchiezza, laquale è gia quasi venuta. Siche in q̃sta cosa niente altro ci māca senō il cōmiato del Re, et ottenuto che l'hauerò a grā giornate nauigaremo. il che piaccia a Iddio che ci succeda felicemente. *(Sommario Di Amerigo Vespucci Fiorentino di due sue nauigationi al Magnifico M. Pietro Soderini,* etc., dans RAMUSIO, *op. cit.*, t. I, f. 135 A).

Par lettre du 23 août 1506, Philippe Ier invita les officiers de la Contratacion à mettre le plus tôt possible à la disposition de Vicinti Añes (Vicinte Yañez Pinçon) et d'Amerigo (Amerigo Vespucci) la armada nécessaire *para descobrir la especeria*. (NAVARRETE, *op. cit.*, t. III, pp. 294, 321).

une carte de Ruysch jointe au Ptolémée imprimé à Rome, en 1508, par Evangelista Tosino [83]. Un autre fait digne de remarque, c'est que l'expédition de Magalhães fut armée sur les instances et en partie aux frais de Christoval de Haro, en haine du Portugal [84], et que Magalhães montra au roi d'Espagne, sur une mappemonde, la route qui devait le conduire au succès.

Revenons à Manuel et à la *Copia*.

Après avoir fait au sud-ouest 700 lieues, peut-être 800, peut-être 1800, Nuno Manuel découvrit, par 5° de latitude australe, une côte qui lui parut faire partie d'un continent. Si sa longitude était exacte, le lieu d'atterrage serait la Punta do Mel; mais en suivant avec attention les rumbs et les distances, Navarrete porte cet atterrage un peu plus à l'est, au cap Saint-Roch [85]. C'est précisément au cap Saint-Roch que vinrent prendre terre les navires de la *Copia*.

Nuno Manuel prend à son bord trois indigènes qui désirent l'accompagner en Portugal. La *Copia* dit : « Le capitaine amène » aussi un homme de ce pays qui a voulu voir le roi de » Portugal ».

« Le peuple de cette côte », dit la même pièce, « n'a ni loi » ni roi ; mais ils respectent les vieillards et leur obéissent ».

Selon Vespucci, les hommes de ce pays « n'ont ni roi ni » empereur, chacun est son propre roi... Dans les conseils, les

---

[83] Carte du Ptolémée de 1508. Voir *suprà*, note 80.
[84] M. D'AVEZAC, *Considérations géographiques sur l'histoire du Brésil*, p. 79 du tirage à part.
[85] NAVARRETE, *op. cit.*, t. III, p. 272, note 2.

» anciens influencent les jeunes gens et les amènent à faire
» tout ce qui leur convient [86] ».

D'après la *Copia*, on dit aussi que les gens de ce pays vivent jusqu'à 140 ans.

Pour Vespucci, « les femmes vivent cent cinquante ans,
» autant qu'on le peut comprendre [87] ».

Les deux narrateurs assurent qu'au Brésil il y a beaucoup de lions [88]. Similitude étrange ! Il n'y a pas de lions au Brésil. Le *puma* du Pérou, qui reçut dans la suite le nom de lion d'Amérique, n'a ni la taille, ni la crinière, ni la tête, ni la queue, ni la robe, ni le courage, ni la force du lion [89]. Comment deux hommes racontant les premières explorations du Brésil ont-ils pu se rencontrer pour confondre avec le roi des animaux le puma du Pérou ?

Les deux narrateurs n'ont pas vu d'or, mais l'un et l'autre a su des indigènes que le pays en renferme en abondance [90].

---

[86] Non hanno Re, ne imperio; ciascuno è Re a se stesso.... I vecchi ne parlaméti muouono i giouani et gli tirano nella loro openione ou unque lor piace. (*Sommario di Amerigo Vespucci*, dans RAMUSIO, t. I, f. 131 C).

[87] Viuono cento cinquanta anni per quanto si pote intendere. (Dans RAMUSIO, *op. cit.*, t. I, f. 131 D.).

[88] RAMUSIO, *op. cit.*, t. I, f. 131 E.

[89] BUFFON, éd. Richard ; Paris, 1855, t. III, pp. 280, 81.

[90] « Le capitaine amène un homme de ce pays qui a voulu voir le roi de
» Portugal. Il dit qu'il veut lui indiquer tant d'or et d'argent qu'il y a dans ce
» pays que ses sujets ne pourront le transporter ». (*Copia der newen zeytung auss Presillg Landt*).

Il paese non produce metallo alcuno, saluo che oro, desquale ve n'è grandissima copia : benche noi in questo primo viaggio non n'habbiamo portato niente : ma di questa cosa noi ne hauemmo certezza da tutti i paesani, iquali affermauano questa parte abbondar di oro. (RAMUSIO, *op. cit.*, f. 131 E.).

Il y a deux choses que l'homme de mer n'oublie jamais dans ses relations : le nom du navire et celui du capitaine. Il y a une exception, unique peut-être ; elle est commune à Vespucci et à l'auteur anonyme de la *Copia*.

Ne résulte-t-il pas de toutes ces coïncidences que l'exploration racontée dans la *Copia der newen Zeytung auss Presillg Landt* doit être identifiée avec celle que Vespucci a faite, en 1501, sous Nuno Manuel, pour le compte du Portugal ? Nous disons oui, avec d'autant plus de confiance que cette partie de notre étude a eu l'approbation de notre cher et regretté maître M. d'Avezac [91].

Ce qui pour nous, Normands, fait l'importance de la *Copia*, c'est ce passage : « Les habitants de cette côte rapportent que
» de temps en temps ils voient arriver d'autres navires, montés
» par des gens qui sont habillés comme nous ; d'après ce qu'en
» disent les indigènes, les Portugais jugent que ce sont des
» Français ; ils ont généralement la barbe rousse ».

Les Portugais, ennemis et rivaux de nos matelots, étaient les meilleurs juges de la question, et, comme le dit M. Paul Gaffarel, il faut nous incliner devant leur perspicacité commerciale [92].

A cette époque lointaine, alors que l'on évitait avec soin d'éveiller l'attention des rivaux, aller de temps en temps des

---

[91] M. D'AVEZAC était arrivé au même résultat que nous par d'autres considérations que nous ignorions alors. (Voir *Considérations géographiques sur l'histoire du Brésil*, pp. 16, 17, 82, 236-238 du tirage à part).

[92] M. PAUL GAFFAREL, *Histoire du Brésil français au XVI siècle* ; Paris Maisonneuve, 1872, p. 2. Ouvrage fortement étudié, d'une lecture agréable. Nous en avons rendu compte dans le Bulletin de la Société de Géographie de Paris, cahier de novembre 1878.

ports de Normandie au Brésil, cela supposait évidemment quelques années. Or, quelques années avant 1501 reportent à la fin du xv⁰ siècle, à 1497 ou 1498, les premiers voyages de nos marins aux côtes de l'Amérique du Sud.

Est-ce le dernier mot? Des doutes restent encore. Le dimanche 3 novembre 1493, Christophe Colomb découvrit Haïti, et « Las Casas a entendu dire que les premiers qui » vinrent découvrir et peupler Española apprirent des indigènes » que, peu de temps avant l'arrivée des Espagnols, des hommes » blancs et barbus comme eux avaient abordé dans l'île [93] ».

Quels étaient ces hommes blancs et barbus ? M. Luciano Cordeiro [94], qui rapporte le passage, ne serait pas éloigné de les croire portugais. Ne s'agirait-il pas de l'expédition attribuée à Jean Cousin ?

Il y a quelque temps, nous avons combattu, comme trop absolues, les conclusions de M. Paul Gaffarel sur l'expédition de Cousin ; aujourd'hui, nous sommes perplexe. Ces trois lignes de l'évêque de Chiapa nous font rêver. Jean Cousin, élève de Pierre Desceliers, est impossible, comme M. Ch. de Beaurepaire l'a démontré [95] ; mais l'expédition supposée de 1488 était très-possible et les hommes blancs et barbus des légendes haïtiennes pourraient bien être des Normands.

---

[93] Añade Casas, que los primeros que fueron á descubrir y poblar la isla Española (á quienes él trató) habian oido á los naturales que poco años antes que llegasen habian aportado allí otros hombres blancos y barbados como ellos. CASAS, *Hist. de las Ind.*, lib. I, cap. 13 y 14. — Cité par Navarrete, *op. cit.*, t. I, p. XLVIII, et par M. Luciano Cordeiro, *op. cit.*, pp. 274, 75).

[94] M. LUCIANO CORDEIRO, *loc. cit.*

[95] M. CH. DE BEAUREPAIRE, *Recherches sur l'instruction publique dans le diocèse de Rouen avant 1789*, t. III, pp. 197 et seq.

Nous pensons avoir démontré que les Normands fréquentaient les côtes du Brésil en 1497 ou 1498 au plus tard ; il est permis d'espérer qu'un jour on fera la preuve de l'expédition de 1488.

Ce dernier point résolu, nous ne pourrons pas encore nous flatter d'être les découvreurs de l'Amérique : cet honneur restera toujours à Christophe Colomb. Mais il serait glorieux pour notre marine normande d'avoir trouvé deux fois le nouveau continent : au xe siècle, par une navigation des plus audacieuses ; en 1488, quatre ans avant Christophe Colomb, par ses connaissances nautiques.

ACHEVÉ D'IMPRIMER

le Vendredi 4 Juin mil huit cent quatre-vingts

par Espérance Cagniard de Rouen

aux frais de la librairie

Maisonneuve et Cie

de Paris.

www.ingramcontent.com/pod-product-compliance
Lightning Source LLC
LaVergne TN
LVHW021706080426
835510LV00011B/1608